Name	Comment

Name	Comment

Name	Comment

Name	Comment

Name	Comment

Name	Comment

Name	Comment

Name	Comment

Name	Comment

Name	Comment

Name	Comment

Name	Comment

Name	Comment

Name	Comment

Name	Comment

Name	Comment

Name	Comment

Name	Comment

Name	Comment

Name	Comment

Name	Comment

Name	Comment

Name	Comment

Name	Comment

Name	Comment

Name	Comment

Name	Comment

Name	Comment

Name	Comment

Name	Comment

Name	Comment

Name	Comment

Name	Comment

Name	Comment

Name	Comment

Name	Comment

Name	Comment

Name	Comment

Name	Comment

Name	Comment

Name	Comment

Name	Comment

Name	Comment

Name	Comment

Name	Comment

Name	Comment

Name	Comment

Name	Comment

Name	Comment

Name	Gift

Name	Gift

Name	Gift

Name	Gift

Name	Gift

Name	Gift

Name	Gift

Name	Gift

Name	Gift

www.ingramcontent.com/pod-product-compliance
Lightning Source LLC
Chambersburg PA
CBHW042357280426
43661CB00096B/1143